GOURMET TO GO

# Gourmet to go

Köstliches für Picknick, Party und unterwegs

Jan Thorbecke Verlag

**VERLAGSGRUPPE PATMOS**

**PATMOS**
**ESCHBACH**
**GRÜNEWALD**
**THORBECKE**
**SCHWABEN**

Die Verlagsgruppe
mit Sinn für das Leben

Für die Schwabenverlag AG ist Nachhaltig-
keit ein wichtiger Maßstab ihres Handelns.
Wir achten daher auf den Einsatz umwelt-
schonender Ressourcen und Materialien.

Gestaltung: Finken & Bumiller, Stuttgart
Rezepte: StockFood Rezeptservice
Druck: Firmengruppe APPL, Wemding
Hergestellt in Deutschland
ISBN 978-3-7995-1022-6 (Print)
ISBN 978-3-7995-1043-1 (eBook)

# INHALT

# Essen on the go – aber lecker!

Unterwegs, vielleicht draußen beim Picknick oder Gartenfest, schmeckt es einfach viel besser als zu Hause am eigenen Esstisch! Jeder kennt dieses Phänomen. Das Auge isst einfach mit, die ungewohnte Umgebung, Sonne und frisches Grün sorgen für doppelten Genuss. Doch gleichzeitig denken viele, dass man unterwegs nicht so leckere Dinge essen kann wie mit einer Küche gleich nebenan. Generationen von langweiligen Stullen und belegten Brötchen im Büro, auf Reisen und generell beim Unterwegssein sprechen da Bände. Doch weit gefehlt! Mit dem richtigen Transportbehälter und vor allem dem passenden Rezept gibt es genug Gründe zum Schlemmen on the go! Eines der Geheimnisse liegt in der Wahl des richtigen Transportgefäßes. Ideal für Salate oder Sandwiches sind Lunchboxen oder Frischhaltedosen, die es in allen möglichen Größen gibt – garantiert ist die passende Größe für jedes Rezept und jeden Hunger dabei. Einige der Boxen haben Unterteilungen, was ideal ist, wenn man mehrere Zutaten getrennt voneinander transportieren oder z.B. die Deko erst kurz vor dem Verzehr auf dem Essen verteilen möchte. Salatdressings sollte man in den meisten Fällen separat vom Salat transportieren (außer bei Salaten, denen längeres Ziehen gut tut, z.B. Kartoffelsalat, Nudelsalat, Taboulé …). Dafür geht am besten ein fest verschließbares Gefäß z.B. eine Flasche mit Schraubverschluss. Die Luxusvariante für eine Person sind dann zweiteilige Salatgefäße mit einem auslaufsicheren Teil für das Dressing und einem Teil für „das Grünzeug". Für Suppen gibt es eigene fest verschließbare Suppen-Lunchboxen, aber natürlich funktioniert jedes andere Gefäß mit Schraub- oder Bügelverschluss ebenso, z.B. Flaschen oder Einmachgläser. Tartes, Kuchen & Co. lässt man sicherheitshalber zum Transportieren in der Form und löst diese erst vor Ort. Es gibt schon Kuchenformen mit Deckel und Tragegriff zu kaufen, was das Ganze natürlich vereinfacht. Ansonsten einfach mit Frischhaltefolie abdecken.

Manche Speisen sollten gekühlt werden, was vor allem für Fleisch, Fisch oder Desserts gilt. Zum Kühlen funktionieren am besten die gute, alte Kühltasche mit Kühlakkus oder Thermobehälter wie Thermoschüsseln, Thermosflaschen etc. Letztere kann man auch sehr gut zum Warmhalten von Speisen verwenden – die meisten halten die Leckereien etwa 4 Stunden lang kalt oder warm.

Und jetzt heißt es loslegen mit den leckeren Rezepten für unterwegs – sie sind einfach die Stars auf jedem Büffet, beim Picknick, im Büro und bei allen anderen Gelegenheiten, wo unterwegs geschlemmt werden darf! Gourmet-Food to go!

# Soupelicious –
# Suppe, Gazpacho & friends

# Gekühlte Gurkensuppe mit Kefir

## ZUTATEN 📇

1 SALATGURKE
500 ML KEFIR (ODER SOJAJOGHURT
  FÜR EINE VEGANE VARIANTE)
½ ZITRONE, SAFT
1 EL ZUCKER
SALZ
PFEFFER AUS DER MÜHLE

## ZUBEREITUNG

1. Die Gurke waschen, 12 dünne Scheiben zum Garnieren herausschneiden und beiseitelegen. Die restliche Gurke schälen und zusammen mit dem Kefir im Standmixer fein pürieren.

2. Mit Zitronensaft, Zucker, Salz und Pfeffer abschmecken. Gut gekühlt in Gläser verteilen und mit den Gurkenscheiben garnieren.

## 🚲 TRANSPORT

Am besten in einer Frischhaltebox in einer Kühltasche transportieren und erst vor Ort in Gläschen anrichten und verzieren.

🍴 4 Personen    🕐 10 Minuten    🍶 leicht    🥕 vegetarisch    ⌀ vegan optional

# Gazpacho mit weißem Spargel und Basilikum

## ZUTATEN 📋

500 G WEISSER SPARGEL

SALZ

2 EL ZUCKER

4 STANGEN GRÜNER SPARGEL

EISWASSER

300 ML HÜHNERBRÜHE, ENTFETTET

2 EL SHERRYESSIG

4 EL MILDES OLIVENÖL

PFEFFER AUS DER MÜHLE

BASILIKUMBLÄTTER ZUM GARNIEREN

## ☕ ZUBEREITUNG

1.  Den weißen Spargel schälen und unten ca. 2 cm kürzen. In wenig kochendem Salzwasser zusammen mit dem Zucker zugedeckt ca. 7 Minuten bissfest garen, abgießen, abtropfen und abkühlen lassen.

2.  Den grünen Spargel im unteren Drittel schälen, unten 2 cm kürzen und in kochendem Salzwasser ca. 5 Minuten blanchieren. In Eiswasser abschrecken und danach abtropfen lassen.

3.  Den abgekühlten weißen Spargel zusammen mit der Hühnerbrühe, dem Sherryessig und dem Olivenöl zu einer Gazpacho pürieren, mit Salz und Pfeffer abschmecken. Den grünen Spargel längs halbieren und quer in Abschnitte zerteilen. Die Gazpacho in Schälchen anrichten, mit dem grünen Spargel und mit Basilikumblättern garnieren.

🚲 TRANSPORT  Am besten in einer Frischhaltebox in einer Kühltasche transportieren und erst vor Ort auf Tellern oder in Schälchen anrichten und verzieren.

🍴 4 Personen    🕐 25 Minuten    🌡 leicht

# Vichyssoise mit Sellerie und Kartoffeln

## ZUTATEN

1 ZWIEBEL

1 STANGE STAUDENSELLERIE

300 G MEHLIGKOCHENDE KARTOF-
FELN

1 HANDVOLL SCHNITTLAUCH

2 EL BUTTER

500 ML GEMÜSEBRÜHE

SALZ

PFEFFER AUS DER MÜHLE

200 ML SAHNE

4 EL JOGHURT

KERBELBLÄTTCHEN ZUM GARNIEREN

## ZUBEREITUNG

1. Die Zwiebel schälen und würfeln. Den Staudensellerie waschen, putzen und klein schneiden. Die Kartoffeln schälen und grob würfeln. Den Schnittlauch waschen, trocken schütteln und in kleine Röllchen schneiden.

2. Die Butter in einem Topf erhitzen, die Zwiebel, den Sellerie und die Kartoffeln darin farblos anbraten. Mit der Brühe ablöschen, mit Salz und Pfeffer würzen. Ca. 15 Minuten kochen, bis die Kartoffeln weich sind.

3. Den Inhalt des Topfes zusammen mit der Sahne fein pürieren, einmal aufkochen lassen und würzig abschmecken. Bis zum Servieren im Kühlschrank mindestens 2 Stunden kalt stellen.

4. Den Joghurt einrühren und die Suppe in Schälchen verteilen. Mit dem Schnittlauch bestreuen und mit Kerbelblättchen garnieren.

**TRANSPORT** Am besten in einer Frischhaltebox in einer Kühltasche transportieren und erst vor Ort auf Tellern oder in Schälchen anrichten und verzieren.

4 Personen · 35 Minuten + 2 Stunden Kühlen · leicht · vegetarisch

# Orangen-Möhrensuppe

## ZUTATEN 🗒

25 G INGWER

3 BIO-ORANGEN

400 G MÖHREN

3 EL OLIVENÖL

2 PRISEN ZUCKER

300 ML GEMÜSEBRÜHE

SALZ

PFEFFER AUS DER MÜHLE

2 PRISEN CURRYPULVER

## ☕ ZUBEREITUNG

1. Den Ingwer schälen und auf einer Küchenreibe fein raspeln. Die Orangen heiß abwaschen und abtrocknen. Die Schale einer Orange mit der feinen Seite einer Küchenreibe abraspeln, die Schale einer weiteren Orange mit einem Sparschäler abziehen. Alle Orangen auspressen.

2. Die Möhren schälen und klein schneiden. Das Olivenöl in einem Topf erhitzen, den Ingwer und die Möhren darin unter Rühren anbraten. Mit dem Zucker bestreuen und diesen karamellisieren lassen. Mit der Brühe ablöschen und ca. 10 Minuten kochen. Im Mixer fein pürieren und zusammen mit dem Orangenabrieb und dem Orangensaft aufkochen.

3. Mit Salz, Pfeffer und Curry abschmecken, in Schälchen anrichten und mit der abgezogenen Orangenschale garnieren.

🚲 TRANSPORT Die Orangen-Möhrensuppe schmeckt warm oder gekühlt. Je nach Wunsch in einer Thermobox warmhalten oder gekühlt in einer Frischhaltebox in einer Kühltasche transportieren und erst vor Ort auf Tellern oder in Schälchen anrichten und verzieren.

🍴 4 Personen     🕐 25 Minuten     🍴 leicht     🌱 vegetarisch     ∅ vegan

# Avocadocreme mit Apfel und Garnelen

## ZUTATEN

160 G GEKOCHTE GARNELEN

SALZ

PFEFFER AUS DER MÜHLE

2 ÄPFEL (GRANNY SMITH)

½ ZITRONE, SAFT

1 ½ AVOCADOS

1 MSP. GEMAHLENER KORIANDER

½ TL ZUCKER

KORIANDERGRÜN ZUM GARNIEREN

## ZUBEREITUNG

1. Die Garnelen zerzupfen oder klein schneiden. Mit Salz und Pfeffer würzen. Die Äpfel waschen, halbieren, entkernen und in kleine Würfel schneiden. Mit 1 EL Zitronensaft vermischen.

2. Die Avocados halbieren, entkernen und das Fruchtfleisch aus der Schale heben. Mit dem restlichen Zitronensaft beträufeln, mit einem Stabmixer pürieren und mit Salz, Pfeffer, Koriander und Zucker abschmecken.

3. Die Äpfel und die Avocadocreme in kleine Gläser schichten, die Garnelen daraufgeben und mit Koriandergrün garnieren.

**TRANSPORT** Am besten in einer Frischhaltebox in einer Kühltasche transportieren und erst vor Ort auf Tellern oder in Schälchen anrichten und verzieren. Alternativ in gekühlten Einmachgläsern transportieren, aus denen man die Creme sofort genießen kann.

4 Personen · 15 Minuten · leicht

# Brennnessel-suppe

## ZUTATEN

200 G MEHLIGKOCHENDE KARTOFFELN
400 G BRENNNESSELSPITZEN
1 HANDVOLL KERBEL
1 ZWIEBEL
2 KNOBLAUCHZEHEN
1 EL BUTTER
1 EL MEHL
100 ML TROCKENER WEISSWEIN
CA. 600 ML GEMÜSEBRÜHE
200 ML SAHNE
SALZ
MUSKAT, FRISCH GERIEBEN

## ZUBEREITUNG

1. Die Kartoffeln schälen und würfeln. Die Brennnesseln und den Kerbel waschen, putzen und hacken. Die Zwiebel und den Knoblauch schälen und würfeln. Beides in der heißen Butter glasig anschwitzen. Mit dem Mehl bestäuben, aufschäumen lassen und mit dem Wein ablöschen.

2. Die Brühe, die Sahne (bis auf ca. 4 EL) und die Kartoffeln dazugeben. Unter gelegentlichem Rühren ca. 15 Minuten leise köcheln lassen. Die Kräuter zufügen, einmal aufkochen lassen und alles fein pürieren. Nach Bedarf noch ein wenig Brühe angießen oder noch ein wenig einköcheln lassen. Mit Salz und Muskat abschmecken, in tiefen Schalen anrichten. Mit der übrigen Sahne in Klecksen dekorativ beträufeln.

TRANSPORT Schmeckt lauwarm besonders gut. Am besten in einer Thermobox transportieren und erst vor Ort auf Tellern oder in Schälchen anrichten und verzieren.

4 Personen    35 Minuten    leicht    vegetarisch

# Gekühlte Suppe aus weißen Bohnen

## ZUTATEN

CA. 150 G SELLERIEKNOLLE
2 SCHALOTTEN
4 KNOBLAUCHZEHEN
3 EL OLIVENÖL
400 ML GEMÜSEBRÜHE
1 DOSE WEISSE BOHNEN (CA. 400 ML)
SALZ
PFEFFER AUS DER MÜHLE
100 ML SAHNE
1–2 TL SHERRYESSIG
BASILIKUMBLÄTTER FÜR DIE GARNITUR

## ZUBEREITUNG

1. Den Sellerie, die Schalotten und den Knoblauch schälen und klein schneiden. Das Olivenöl in einem Topf erhitzen und das vorbereitete Gemüse darin anbraten, bis die Schalotten glasig sind. Mit der Gemüsebrühe ablöschen, die Bohnen in einem Sieb abspülen und dazugeben. Salzen, pfeffern und ca. 10 Minuten kochen lassen.

2. Die Sahne hinzufügen, einmal aufkochen lassen und den Inhalt des Topfes im Mixer pürieren. Durch ein feines Sieb drücken, würzig abschmecken und den Essig einrühren. Gut gekühlt und mit Basilikumblättern garniert servieren.

**TRANSPORT** Am besten in einer Frischhaltebox in einer Kühltasche transportieren und erst vor Ort auf Tellern oder in Schälchen anrichten und verzieren.

4 Personen · 20 Minuten · leicht · vegetarisch

# Rote und gelbe Gazpacho

## ZUTATEN

3 SCHALOTTEN
1 KNOBLAUCHZEHE
1 SALATGURKE
2 STANGEN STAUDENSELLERIE
250 G KIRSCHTOMATEN
250 G GELBE KIRSCHTOMATEN
1 ROTE CHILISCHOTE
3 ROTE PAPRIKASCHOTEN
3 GELBE PAPRIKASCHOTEN
6 EL OLIVENÖL
4 EL SHERRYESSIG
SALZ
PFEFFER AUS DER MÜHLE
1 HANDVOLL BASILIKUMBLÄTTER

## ZUBEREITUNG

1. Die Schalotten, den Knoblauch und die Gurke schälen. Den Sellerie und die Tomaten waschen. Die Chilischote waschen, halbieren und die Kerne herauskratzen. Die Paprikaschoten waschen, halbieren und putzen. Alles Gemüse klein schneiden.

2. Die Hälfte von Schalotten, Knoblauch, Gurke, Chili und Sellerie zusammen mit den roten Kirschtomaten, den roten Paprika, 3 EL Olivenöl und 2 EL Sherryessig im Standmixer zu einer roten Gazpacho pürieren. Mit Salz und Pfeffer abschmecken.

3. Das restliche Gemüse mit dem übrigem Öl und Essig zu einer gelben Gazpacho pürieren und ebenfalls abschmecken.

4. Das Basilikum waschen und klein schneiden. Jeweils die Hälfte in jede Gazpacho rühren und gut gekühlt servieren.

**TRANSPORT** Am besten in Flaschen mit Schraub- oder Bügelverschluss in einer Kühltasche transportieren und erst vor Ort auf Tellern oder in Schälchen anrichten – oder direkt aus der Flasche genießen.

4 Personen    15 Minuten    leicht    vegetarisch    vegan

# Gekühlte Melonensuppe mit Tomaten und Chili

## ZUTATEN

350 G KIRSCHTOMATEN
1 ROTE CHILISCHOTE
1 KLEINE CANTALOUPE-MELONE
1 TL ZUCKER
2 TL ZITRONENSAFT
SALZ
4–5 BASILIKUMBLÄTTER

## ZUBEREITUNG

1. Die Kirschtomaten ca. 30 Sekunden in kochendes Wasser tauchen, kalt abspülen und die Tomatenhaut abziehen. Die Chilischote waschen, putzen, entkernen und fein hacken. Die Melone schälen, halbieren und entkernen. Mit einem Pariser Löffel 12 Kugeln ausstechen und beiseitelegen.

2. Die restliche Melone zusammen mit den Kirschtomaten und der Chilischote pürieren. Mit Zucker, Zitronensaft und Salz abschmecken. Das Basilikum waschen, trocken schütteln und klein schneiden.

3. Zum Servieren die Melonenkugeln zusammen mit dem Basilikum und ein paar Eiswürfeln in Schälchen verteilen und mit der Suppe auffüllen.

TRANSPORT Am besten in einer Frischhaltebox in einer Kühltasche transportieren und erst vor Ort auf Tellern oder in Schälchen anrichten und verzieren. Wenn die Suppe gut gekühlt ist, schmeckt sie auch ohne Eiswürfel.

4 Personen　　20 Minuten　　leicht　　vegetarisch　　vegan

# Gekühlte Rote-Bete-Suppe mit Kokosmilch

## ZUTATEN 🔳

4 ROTE BETE, CA. 600 G
SALZ
CA. 2 EL ZUCKER
CA. 3 EL WEISSWEINESSIG
400 ML KOKOSMILCH
PFEFFER AUS DER MÜHLE
2 MSP. KREUZKÜMMELPULVER
2 TL KOKOSRASPEL
KERBELBLÄTTCHEN ZUM GARNIEREN

## 🍲 ZUBEREITUNG

*1.* Die Rote Bete schälen und klein schneiden. In wenig kochendem Salzwasser zusammen mit 1 EL Zucker und 2 EL Essig zugedeckt ca. 30 Minuten kochen, bis die Rote Bete sehr weich ist. Im Mixer zusammen mit ca. 100 ml des Kochwassers fein pürieren.

*2.* Mit der Kokosmilch verrühren, mit Salz, Pfeffer, Kreuzkümmel, Zucker und Essig abschmecken.

*3.* Gut gekühlt in Gläser umfüllen und mit Kokosraspeln und Kerbelblättchen garnieren.

---

🚲 TRANSPORT Am besten in einer Frischhaltebox in einer Kühltasche transportieren und erst vor Ort auf Tellern oder in Schälchen anrichten und verzieren.

🍴 4 Personen   🕐 40 Minuten   🍴 leicht   🌱 vegetarisch   Ø vegan

# Es grünt so grün –
# frische Salate on the go

# Salat mit Hähnchenbrust und Zuckerschoten

## ZUTATEN

500 G HÄHNCHENBRUSTFILET
2 EL RAPSÖL
SALZ
PFEFFER AUS DER MÜHLE
50 G MUNGOBOHNENKEIMLINGE
2 SCHALOTTEN
1 EL FEINER DIJONSENF
4 EL SHERRYESSIG
1 TL ZUCKER
50 ML WALNUSSÖL
50 ML TRAUBENKERNÖL
300 G ZUCKERSCHOTEN
EISWASSER

## ZUBEREITUNG

1. Das Hähnchenbrustfilet waschen, mit Küchenpapier trocken tupfen und waagerecht halbieren. Zu Schnitzeln plattieren und in einer Grillpfanne in heißem Öl von beiden Seiten je ca. 5 Minuten braten. Salzen, pfeffern und in Streifen schneiden.

2. Die Keimlinge waschen und in einem Sieb abtropfen lassen. Die Schalotten schälen und fein würfeln. Die Schalotten, den Senf, den Essig und den Zucker mit den Ölen zu einer gebundenen Vinaigrette verschlagen. Mit Salz und Pfeffer abschmecken.

3. Die Zuckerschoten waschen, die Enden abknipsen und in kochendem Salzwasser ca. 2 Minuten blanchieren. In Eiswasser abschrecken und gut abtropfen lassen. Die Keimlinge und die Zuckerschoten mit dem Dressing vermischen. Auf Tellern oder in Schälchen anrichten und die Hähnchenstreifen darauf verteilen.

TRANSPORT Am besten die Zutaten und das Dressing getrennt in Frischhalteboxen transportieren und erst vor Ort auf Tellern oder in Schälchen anrichten.

4 Personen · 30 Minuten · leicht

# Weizensalat mit Garnelen

## ZUTATEN

200 G WEICHWEIZEN (Z. B. EBLI)
6 EL OLIVENÖL
SALZ
PFEFFER AUS DER MÜHLE
½ SALATGURKE
1 WEISSE ZWIEBEL
2 AVOCADOS
½ ZITRONE, SAFT
200 G GEKOCHTE TIEFSEEGARNELEN
4 SCHNITTLAUCHHALME
100 G CRÈME FRAÎCHE
ESPELETTE-CHILI NACH WUNSCH
MINZEBLÄTTCHEN ZUM GARNIEREN

## ZUBEREITUNG

1. Den Weizen nach Packungsanweisung kochen, danach abgießen und in einem Sieb mit kaltem Wasser abbrausen. Abtropfen lassen und in einer Schüssel mit 4 EL Olivenöl vermischen. Mit Salz und Pfeffer würzen.

2. Die Gurke waschen, längs halbieren, entkernen und in kleine Würfel schneiden. Die Zwiebel schälen und fein würfeln. Die Avocados halbieren und die Kerne entfernen. Das Fruchtfleisch mit einem Esslöffel aus der Schale heben und in Würfel schneiden. Die Hälfte des Zitronensafts über die Avocadowürfel träufeln.

3. Die Garnelen abbrausen und mit Küchenpapier trocken tupfen. Die Garnelen, die Gurke und die Avocado mit der Zwiebel zu einem Garnelensalat vermischen, mit Salz und Pfeffer würzen. Den gekochten Weizen in Gläser verteilen und mit dem Garnelensalat auffüllen.

4. Den Schnittlauch waschen, trocken schütteln und in feine Röllchen schneiden. Die Crème fraîche mit dem restlichen Olivenöl und dem übrigen Zitronensaft sowie dem Schnittlauch verrühren. Mit Salz und Pfeffer abschmecken. Die Salate damit krönen und mit Chili bestreuen. Mit Minzeblättchen garnieren und sofort servieren.

TRANSPORT Am besten die Zutaten und das Dressing getrennt in Frischhalteboxen transportieren und erst vor Ort in Gläsern anrichten.

4 Personen    40 Minuten    leicht

# Nudelsalat mit Artischocken

## ZUTATEN

150 G TK-ARTISCHOCKENHERZEN
SALZ
1 ZITRONE, SAFT
400 G CELLENTANI (NUDELN)
1–2 EL PINIENKERNE
50 ML OLIVENÖL
5 EL WEISSWEINESSIG
2 TL ZUCKER
2 TL SENF
PFEFFER AUS DER MÜHLE
2 FRÜHLINGSZWIEBELN
1 HANDVOLL BASILIKUMBLÄTTER
40 G GELBE ROSINEN
2 EL THYMIANBLÄTTCHEN

## ZUBEREITUNG

1. Die Artischockenherzen in kochendem Salzwasser zusammen mit dem Zitronensaft ca. 10 Minuten garen. Abgießen, abtropfen lassen und die Artischockenherzen in Scheiben schneiden. Die Nudeln in reichlich kochendem Salzwasser al dente garen, abgießen, kalt abbrausen und abtropfen lassen.

2. Die Pinienkerne in einer Pfanne ohne Fett goldbraun rösten, dann herausnehmen und zur Seite stellen. Die Nudeln mit dem Olivenöl, den Artischocken, dem Essig, dem Zucker und dem Senf vermengen. Mit Salz und Pfeffer würzen.

3. Die Frühlingszwiebeln putzen, waschen und in Röllchen schneiden. Das Basilikum waschen, trocken schütteln und in Streifen schneiden. Die Frühlingszwiebeln, die Pinienkerne, die Rosinen und die Kräuter unter den Nudelsalat heben und mit Salz und Pfeffer abschmecken.

TRANSPORT Den Salat am besten in einer Frischhaltebox transportieren und erst vor Ort auf Tellern oder in Schälchen anrichten.

4 Personen    40 Minuten    leicht    vegetarisch    vegan

# Couscous- und Möhrensalat

## ZUTATEN

**COUSCOUSSALAT**

200 G COUSCOUS (INSTANT)
1 HANDVOLL GLATTE PETERSILIE
1 HANDVOLL MINZE
4 TOMATEN
½ GURKE
2 ZWIEBELN
2 EL ROSINEN
1 ZITRONE, SAFT
6 EL OLIVENÖL
SALZ
PFEFFER AUS DER MÜHLE

**MÖHRENSALAT**

400 G MÖHREN
6 SCHNITTLAUCHHALME
1 ZITRONE, SAFT
2 EL HONIG
1 MSP. CAYENNEPFEFFER
2 EL RAPSÖL
2 EL OLIVENÖL

## ZUBEREITUNG

1. Für den Couscoussalat den Couscous 15 Minuten in lauwarmem Wasser einweichen und danach in einem Sieb abtropfen lassen. In der Zwischenzeit die Kräuter waschen, trocken schütteln und die Blätter hacken.

2. Die Tomaten und die Gurke waschen und in feine Würfel schneiden. Die Zwiebeln schälen, fein würfeln und mit den Tomaten und den Gurken vermischen. Den Couscous, die Rosinen und die gehackten Kräuter unterheben und mit Zitronensaft, Olivenöl, Salz und Pfeffer abschmecken.

3. Für den Möhrensalat die Möhren schälen und raspeln oder mit einem Gemüsehobel zu dünnen Streifen verarbeiten. Den Schnittlauch waschen, trocken schütteln und in dünne Röllchen schneiden.

4. Die Möhren und den Schnittlauch mit Zitronensaft, Honig, Cayennepfeffer und den beiden Ölen verrühren und abschmecken.

**TRANSPORT** Die Salate am besten getrennt in Frischhalteboxen transportieren und erst vor Ort auf Tellern oder in Schälchen anrichten.

4 Personen  45 Minuten  leicht  vegetarisch

# Pot-au-feu-Salat

## ZUTATEN

600 G OCHSENSCHWANZ IN STÜCKEN
300 G OCHSENBRUST
2 STANGEN STAUDENSELLERIE
½ HANDVOLL PETERSILIE
2 SALBEIBLÄTTER
3–4 THYMIANZWEIGE
4 MÖHREN
1 ZWIEBEL
2 KNOBLAUCHZEHEN
3 GEWÜRZNELKEN
1 LORBEERBLATT
1 TL SCHWARZE PFEFFERKÖRNER
SALZ
1 STANGE LAUCH
4 EL WEISSER BALSAMICOESSIG
6 EL OLIVENÖL

## ZUBEREITUNG

1. Den Ochsenschwanz und die Ochsenbrust in einem Topf mit ca. 2,5 l kaltem Wasser bedecken, langsam zum Kochen bringen und ca. 30 Minuten köcheln lassen. Dabei aufsteigenden Schaum abschöpfen.

2. Den Sellerie waschen, putzen und halbieren. Die Kräuter waschen und trocken schütteln. Zwei Möhren, die Zwiebel und den Knoblauch schälen und zusammen mit den Nelken, dem Thymian, dem Lorbeer, der Petersilie, dem Salbei, dem Sellerie und dem Pfeffer in die Brühe geben. Salzen und ca. 90 Minuten kochen lassen.

3. Das Fleisch aus der Brühe heben und zerzupfen bzw. klein schneiden. Die Brühe durch ein mit einem Küchentuch ausgelegtes Sieb filtern. Dann das Fleisch wieder dazugeben.

4. Die restlichen Möhren schälen und in dünne Scheiben schneiden. Den Lauch waschen, putzen und ebenfalls klein schneiden. Das Gemüse zum Fleisch geben und weitere 10 Minuten kochen lassen. In kleine Einmachgläser verteilen, Essig und Olivenöl darüberträufeln und abkühlen lassen.

TRANSPORT Am besten in den Einmachgläsern transportieren und direkt vor Ort daraus genießen.

🍴 4 Personen　　⏱ 25 Minuten + 2 Stunden 10 Minuten Kochen　　leicht

# Champignon-Salat

## ZUTATEN

400 G WEISSE CHAMPIGNONS
2 ROTE ZWIEBELN
1 EL GESCHNITTENE KORIANDERBLÄTTER
SALZ
PFEFFER AUS DER MÜHLE
4 EL ZITRONENSAFT
6 EL WALNUSSÖL

## ZUBEREITUNG

1. Die Champignons putzen und in dünne Scheiben schneiden. Die Zwiebeln schälen, halbieren und in dünne Streifen schneiden. Die Champignons, die Zwiebeln und den Koriander vermischen.

2. Kurz vor dem Servieren salzen, pfeffern und mit Zitronensaft sowie dem Walnussöl beträufeln. Dazu schmeckt die gelbe Gazpacho von Seite 25.

**TRANSPORT** Am besten die Zutaten und das Dressing getrennt in Frischhalteboxen transportieren und erst vor Ort in Schälchen anrichten.

4 Personen    15 Minuten    leicht    vegetarisch    vegan

# Kartoffelsalat mit Lachskaviar und Räucherlachs

## ZUTATEN

1 KG KLEINE FESTKOCHENDE KARTOFFELN
SALZ
1 HANDVOLL SCHNITTLAUCH
2 EL MAYONNAISE
1 EL JOGHURT
PFEFFER AUS DER MÜHLE
1 ZITRONE
30 G LACHSKAVIAR
200 G RÄUCHERLACHS
SCHNITTLAUCHHALME ZUM GARNIEREN

## ZUBEREITUNG

1. Die Kartoffeln in Salzwasser ca. 20 Minuten garen, abkühlen lassen und pellen. In dicke Scheiben schneiden. Den Schnittlauch waschen, mit Küchenpapier trocken tupfen und in kleine Röllchen schneiden.

2. Die Kartoffeln mit der Mayonnaise und dem Joghurt verrühren, mit Salz und Pfeffer würzen. Dem Schnittlauch unterheben. Die Zitrone waschen, vierteln und in dünne Scheiben schneiden.

3. Den Lachskaviar auf dem Kartoffelsalat verteilen, mit Schnittlauchhalmen garnieren und zusammen mit dem Räucherlachs und den Zitronenscheibchen servieren.

TRANSPORT Am besten die einzelnen Zutaten und das Dressing getrennt in Frischhalteboxen transportieren und erst vor Ort anrichten.

4 Personen    45 Minuten    leicht

# Hummus und Taboulé

## ZUTATEN

### HUMMUS
125 G KICHERERBSEN AUS DER DOSE
3 EL CRÈME FRAÎCHE
4 EL SESAMPASTE (TAHINI)
2 EL ZITRONENSAFT
3 EL OLIVENÖL
2 GESCHÄLTE KNOBLAUCHZEHEN
SALZ
PFEFFER AUS DER MÜHLE

### TABOULÉ
200 G COUSCOUS (INSTANT)
10 ROTE KIRSCHTOMATEN
10 GELBE KIRSCHTOMATEN
1 HANDVOLL KORIANDER
2 HANDVOLL GLATTE PETERSILIE
6 EL OLIVENÖL
2 EL WEISSER BALSAMICO
2 PRISEN KREUZKÜMMEL, GEMAHLEN

## ☕ ZUBEREITUNG

1. Für den Humus die Kichererbsen waschen und in einem Sieb abtropfen lassen. Zusammen mit der Crème fraîche, der Sesampaste, dem Zitronensaft, dem Olivenöl und den Knoblauchzehen zu einer Paste pürieren. Mit Salz und Pfeffer abschmecken.

2. Für das Taboulé den Couscous 15 Minuten in kaltem Wasser einweichen. Die Tomaten waschen und halbieren. Die Kräuter waschen, mit Küchenpapier trocken tupfen. Die Blätter von den Stielen zupfen und hacken.

3. 2 EL Olivenöl in einer beschichteten Pfanne erhitzen, die Tomaten darin unter Rühren ca. 3 Minuten andünsten. Den Couscous in einem Sieb abtropfen lassen und zu den Tomaten in die Pfanne geben. Kurz in der Pfanne schwenken, dann in eine Schüssel umfüllen. Die Kräuter, den Essig und das restliche Olivenöl unterrühren. Mit Salz, Pfeffer und Kreuzkümmel abschmecken. Mit Pita-Brot servieren.

🚲 TRANSPORT Den Salat am besten in einer Frischhaltebox transportieren und erst vor Ort auf Tellern oder in Schälchen anrichten.

🍴 4 Personen    🕐 40 Minuten    🍴 leicht    🌱 vegetarisch

# Salat mit Feta, Tomate und Dicken Bohnen

## ZUTATEN

300 G DICKE BOHNEN

SALZ

4 TOMATEN

150 G WEICHWEIZEN (Z. B. EBLI)

2 ROTE ZWIEBELN

150 G FETA

1 BIO-ZITRONE

50 G SCHWARZE OLIVEN OHNE STEIN

4 EL OLIVENÖL

PFEFFER AUS DER MÜHLE

50 G SCHWARZE OLIVEN

50 G GRÜNE OLIVEN

## ZUBEREITUNG

1. Die Dicken Bohnen in kochendem Salzwasser ca. 5 Minuten blanchieren. In kaltem Wasser abschrecken und abtropfen lassen. Die Tomaten waschen und halbieren. In dünne Scheiben schneiden. Den Weizen nach Packungsanleitung garen, in einem Sieb abgießen und abkühlen lassen.

2. Die roten Zwiebeln schälen und in Streifen schneiden. Den Feta in kleine Würfel schneiden. Die Zitrone heiß abwaschen und die Schale mit einer Küchenreibe abraspeln. Die Zitrone halbieren und eine Hälfte auspressen. Die entsteinten Oliven in Scheiben schneiden.

3. Alle vorbereiteten Zutaten bis auf den Zitronensaft in einer großen Schüssel mischen. Kurz vor dem Servieren mit dem Zitronensaft und Olivenöl beträufeln. Mit Salz und Pfeffer würzen. Zusammen mit den ganzen Oliven servieren.

**TRANSPORT** Am besten die einzelnen Zutaten und das Dressing getrennt in Frischhalteboxen transportieren und erst vor Ort anrichten.

4 Personen · 40 Minuten · leicht · vegetarisch

# Salat mit Feigen, Mozzarella, Parmaschinken und Basilikum

## ZUTATEN

6 FEIGEN

4 MOZZARELLAKUGELN À 125 G

2–3 HANDVOLL BASILIKUMBLÄTTER

SALZ

PFEFFER AUS DER MÜHLE

4 EL ZITRONENSAFT

4 EL HONIG

6 EL OLIVENÖL

80 G PARMASCHINKEN, DÜNN
   GESCHNITTEN

## ZUBEREITUNG

1.  Die Feigen waschen und vierteln. Den Mozzarella in Scheiben schneiden. Das Basilikum waschen, trocken schütteln und als Bett in einer flachen Schale anrichten.

2.  Den Mozzarella und die Feigen darüber verteilen. Mit Salz und Pfeffer würzen, mit Zitronensaft, Honig und Olivenöl beträufeln. Den Schinken dazu reichen.

TRANSPORT  Am besten die einzelnen Zutaten und das Dressing getrennt in Frischhalteboxen transportieren und erst vor Ort auf Tellern oder in Schälchen anrichten.

4 Personen       10 Minuten       leicht

# Salat mit Babyspinat, Feta und grünem Spargel

## ZUTATEN

1 BUND RADIESCHEN, CA. 250 G
250 G GRÜNER SPARGEL
SALZ
EISWASSER
2 HANDVOLL BABYSPINAT
2 ROTE ZWIEBELN
150 G FETA
250 G KIRSCHTOMATEN
5 EL BALSAMICOESSIG
1 TL SENF
2 TL ZUCKER
50 ML MILDES OLIVENÖL
PFEFFER AUS DER MÜHLE

## ZUBEREITUNG

1. Die Radieschen putzen, waschen und auf der Unterseite in einem Kreuzmuster einschneiden. Bis zum Servieren in kaltes Wasser legen. Den Spargel waschen, im unteren Drittel schälen und unten ca. 2 cm kürzen. In kochendem Salzwasser 6–8 Minuten blanchieren und danach sofort in Eiswasser abschrecken. Abtropfen lassen und längs halbieren.

2. Den Spinat waschen, putzen und trocken schleudern. Die Zwiebeln schälen und in dünne Ringe schneiden. Den Feta in kleine Würfel zerteilen, die Kirschtomaten waschen.

3. Den Essig, den Senf, den Zucker und das Olivenöl zu einem Dressing verrühren, mit Salz und Pfeffer würzen und abschmecken. Die Radieschen abtropfen lassen.

4. Den Spinat, die Tomaten, den Spargel, den Feta, die Radieschen und die Zwiebelringe in tiefen Tellern anrichten. Das Dressing dazu reichen.

---

TRANSPORT Am besten den Salat und das Dressing getrennt in Frischhalteboxen transportieren und erst vor Ort auf Tellern oder in Schälchen anrichten.

4 Personen    35 Minuten    leicht    vegetarisch

# Salat mit Pfirsichen, Schinken und Balsamico-Vinaigrette

## ZUTATEN

4–5 VOLLREIFE PFIRSICHE
3 EL WEISSER BALSAMICOESSIG
3 EL FLÜSSIGER HONIG
6 EL OLIVENÖL
100 G SERRANOSCHINKEN,
   DÜNN GESCHNITTEN
PFEFFER AUS DER MÜHLE

## ZUBEREITUNG

1.  Die Pfirsiche überbrühen, häuten, halbieren, entkernen und in Spalten schneiden.

2.  Den Balsamicoessig, den Honig und das Olivenöl zu einer Vinaigrette verrühren und die Pfirsichspalten darin wenden. Die Pfirsiche auf Tellern anrichten, den Schinken zerzupfen und darüber verteilen. Mit reichlich Pfeffer würzen.

**TRANSPORT** Am besten die einzelnen Zutaten und das Dressing getrennt in Frischhalteboxen transportieren und erst vor Ort auf Tellern oder in Schälchen anrichten.

4 Personen     15 Minuten     leicht

# Snack it – Leckere Kleinigkeiten für unterwegs

# Ceviche mit Dorade und Granatapfel

## ZUTATEN

2 HANDVOLL DILL
250 G DORADENFILET OHNE HAUT
2 LIMETTEN, SAFT
¼ GRANATAPFEL
SALZ
ROSA PFEFFER ZUM GARNIEREN

## ⌂ ZUBEREITUNG

1. Den Dill waschen und zerzupfen. Das Doradenfilet waschen, mit Küchenkrepp trocken tupfen und in dünne Scheibchen schneiden. Mit dem Limettensaft beträufeln und ca. 15 Minuten marinieren. In dieser Zeit die Granatapfelkerne aus der Schale lösen.

2. Den Dill, die Dorade und die Granatapfelkerne mischen und mit Salz abschmecken. In kleinen Schälchen anrichten und mit rosa Pfeffer garnieren.

🚲 TRANSPORT Am besten in einer Frischhaltebox in einer Kühltasche transportieren und erst vor Ort auf Tellern oder in Schälchen anrichten und verzieren.

🍴 4 Personen      🕐 25 Minuten      leicht

# Yakitori-Spieße

## ZUTATEN

150 ML SAKE (REISWEIN)
250 ML SOJASAUCE
5 EL MIRIN (SÜSSER REISWEIN)
70 G ZUCKER
500 G HÄHNCHENBRUSTFILETS
1 STANGE LAUCH
250 G HÄHNCHENLEBER
4 EL RAPSÖL

## ZUBEREITUNG

1. Den Sake, die Sojasauce, den Mirin und den Zucker in einem kleinen Topf zu einer Yakitori-Sauce aufkochen, gut verrühren und wieder abkühlen lassen.

2. Das Fleisch waschen, mit Küchenpapier trocken tupfen und würfeln. Den Lauch putzen, waschen und in ca. 2 cm Abschnitte schneiden. Die Leber abbrausen, trocken tupfen und putzen. Nach Bedarf kleiner schneiden.

3. Die Hähnchenbrust, die Leber und den Lauch auf Spieße stecken und mit dem Rapsöl bepinseln. Auf einem vorgeheizten Grill ca. 10 Minuten von allen Seiten braten, dabei hin und wieder mit der Yakitori-Sauce bepinseln.

TRANSPORT Die Spieße schmecken am besten warm oder lauwarm, daher in einer Thermobox transportieren oder vor Ort auf dem Grill zubereiten.

4 Personen          25 Minuten          leicht

# Mini-Tartelettes mit Äpfeln und Hering

## ZUTATEN

1 ROLLE BLÄTTERTEIG (270 G)
2 FRISCHE HERINGSFILETS
SALZ
PFEFFER AUS DER MÜHLE
2 ÄPFEL
2–3 EL OLIVENÖL
4 PRISEN ESPELETTE-CHILI
LÖWENZAHNBLÄTTER ZUM GARNIEREN

## ZUBEREITUNG

1.  Den Backofen auf 180 °C Umluft vorheizen. Den Blätterteig aus der Packung nehmen und 4 Kreise mit ca. 12 cm Durchmesser ausstechen. Auf ein Backblech mit Backpapier setzen und mit einer Gabel mehrmals einstechen.

2.  Den Fisch waschen und mit Küchenpapier trocken tupfen. Auf beiden Seiten salzen und pfeffern. Die Äpfel waschen, vierteln, entkernen und in dünne Scheiben schneiden. Die Apfelscheiben dicht an dicht auf den Blätterteigkreisen verteilen, die Heringsfilets schräg halbieren und darauf betten. Mit Olivenöl beträufeln und mit Chili bestreuen. Im Ofen ca. 20 Minuten garen und zum Servieren mit Löwenzahnblättern garnieren.

**TRANSPORT** Die Tartelettes schmecken warm oder kalt. Am besten in einer Frischhaltebox transportieren.

4 Stück     35 Minuten     leicht

# Gerolltes Omelett mit Kochschinken und Kräutern

## ZUTATEN

12 EIER
SALZ
PFEFFER AUS DER MÜHLE
½ HANDVOLL PETERSILIE
1 HANDVOLL KERBEL
1 HANDVOLL KORIANDERGRÜN
OLIVENÖL ZUM BRATEN
4 DÜNNE SCHEIBEN KOCHSCHINKEN
FRISCHER KERBEL ZUM GARNIEREN

## ZUBEREITUNG

1. Die Eier verquirlen, salzen und pfeffern. Die Kräuter waschen, trocken schütteln, die Blätter fein hacken und mit den Eiern verrühren.

2. Wenig Olivenöl in einer beschichteten Pfanne erhitzen und aus der Eimasse nacheinander 4 dünne Omeletts von beiden Seiten je ca. 2 Minuten braten. Auf Küchenpapier abtropfen lassen.

3. Jedes Omelett mit 1 Scheibe Kochschinken belegen und über den Schinken zu Rollen einwickeln. Zum Servieren in ca. 2 cm Abschnitte zerteilen und mit frischem Kerbel garnieren.

TRANSPORT Am besten in einer Frischhaltebox in einer Kühltasche transportieren und erst vor Ort anrichten.

4 Personen      30 Minuten      leicht

# Italienische Pita

## ZUTATEN

4 TOMATEN
2 HANDVOLL RUCOLA
60 G PARMESAN
2 STÄNGEL BASILIKUM
4 KLEINE PITABROTE
2 EL OLIVENÖL
8 DÜNNE SCHEIBEN PARMASCHINKEN

## ZUBEREITUNG

1. Die Stielansätze aus den Tomaten herausschneiden und die Tomaten anschließend in kochendes Wasser tauchen. Sobald die Haut beginnt, sich zu lösen, die Tomaten aus dem Topf nehmen und kurz in eine Schüssel mit kaltem Wasser legen. Danach die Haut einfach abziehen und die Tomaten in Spalten schneiden.

2. Den Rucola waschen, trocken schütteln und verlesen. Mit einem Sparschäler den Parmesan in Späne raspeln. Das Basilikum waschen, trocknen und die Blätter von den Stängeln zupfen.

3. Die Pitabrote einschneiden und mit jeweils etwas Öl beträufeln. Mit Rucola, Schinken, Tomaten, Basilikum und Parmesan füllen.

TRANSPORT Am besten in einer Frischhalte- oder Lunchbox transportieren.

4 Personen    15 Minuten    leicht

# Frischkäse-Sandwiches

## ZUTATEN

4–5 ZWEIGE GLATTE PETERSILIE
½ BUND SCHNITTLAUCH
10–12 RADIESCHEN
100 G SALATGURKE
8 SCHEIBEN SANDWICHTOAST
300 G DOPPELRAHM-FRISCHKÄSE
50 ML SAHNE
SALZ
PFEFFER AUS DER MÜHLE

## ZUBEREITUNG

1. Die Kräuter waschen, trocken schütteln und hacken. Die Radieschen waschen, putzen und in dünne Scheiben schneiden. Die Gurke waschen, halbieren und in feine Scheibchen schneiden. 8 Gurkenscheibchen zum Garnieren beiseitelegen. Die Toastscheiben nach Belieben entrinden.

2. Den Frischkäse mit der Sahne glatt rühren, salzen, pfeffern und mit den Kräutern verrühren. 4 Brotscheiben mit dem Frischkäse bestreichen und mit den Radieschen- sowie Gurkenscheiben belegen. Dabei 8 Radieschenscheiben zum Garnieren beiseitelegen. Mit den restlichen Brotscheiben abdecken, leicht andrücken und die entstandenen Sandwiches einmal diagonal durchschneiden. Mit den übrigen Gurken- und Radieschenscheiben garnieren und mit kleinen Spießen fixieren.

**TRANSPORT** Am besten in einer Frischhalte- oder Lunchbox transportieren.

🍴 4 Personen ⏱ 20 Minuten 🍢 leicht

# Paprikaschoten, mit Joghurt und Gemüse gefüllt

## ZUTATEN

2 ROTE PAPRIKASCHOTEN

2 GRÜNE PAPRIKASCHOTEN

2 GELBE PAPRIKASCHOTEN

8–10 RADIESCHEN

½ GURKE

1 MÖHRE

½ BUND SCHNITTLAUCH

1 KNOBLAUCHZEHE

450 G GRIECHISCHER JOGHURT

2 EL OLIVENÖL

SALZ

PFEFFER AUS DER MÜHLE

## ZUBEREITUNG

1. Die Paprikaschoten waschen, halbieren und von Kernen sowie weißen Innenhäuten befreien. Die Radieschen putzen und waschen. Die Gurke waschen, längs halbieren und entkernen. Die Möhre schälen. Die Radieschen, die Gurke und die Möhre in kleine Stifte schneiden.

2. Den Schnittlauch waschen, trocken schütteln und in Röllchen schneiden, den Knoblauch schälen und fein hacken. Den Joghurt mit Schnittlauch, Knoblauch und Olivenöl verrühren, mit Salz und Pfeffer würzen. In die Paprikahälften füllen und die Gemüsestifte dekorativ in den Joghurt stecken.

**TRANSPORT** Am besten in einer Frischhaltebox transportieren, ggf. erst vor Ort mit den Gemüsestiften verzieren.

4 Personen · 20 Minuten · leicht · vegetarisch

# Basilikum-Terrine

## ZUTATEN

2 HANDVOLL BASILIKUMBLÄTTER
400 ML SAHNE
200 ML MILCH
80 G GERIEBENER PARMESAN
10 EIER
SALZ
PFEFFER AUS DER MÜHLE
3 TOMATEN
FRISCHES BASILIKUM ZUM GARNIEREN

## ZUBEREITUNG

1. Den Backofen auf 140 °C Umluft vorheizen. Das Basilikum waschen, trocken schütteln und in Streifen schneiden. Die Sahne, die Milch, den Parmesan, das Basilikum und die Eier verquirlen, mit Salz und Pfeffer würzig abschmecken.

2. Eine Auflaufform mit Backpapier auslegen und die Sahnemischung hineingießen. Im Ofen ca. 40 Minuten garen, bis die Mischung vollständig gestockt ist (Stäbchenprobe). Im ausgeschalteten Backofen abkühlen lassen und im Kühlschrank ca. 3 Stunden kalt stellen.

3. In der Zwischenzeit die Tomaten waschen, putzen, vierteln und entkernen. Das Fruchtfleisch würfeln. Die Terrine aus der Form heben, das Backpapier vorsichtig entfernen und die Terrine mit den Tomatenwürfeln bestreuen. Mit Basilikum garnieren.

TRANSPORT Die Terrine am besten in der Form transportieren und erst vor Ort mit Tomaten und Basilikum garnieren.

1 Auflaufform ca. 15 × 25 cm    20 Min. + 40 Min. Backzeit + 3 Stunden Kühlen    leicht    vegetarisch

# Sardellen im Weißweinsud

## ZUTATEN

CA. 12 FRISCHE SARDELLEN
1 KLEINE MÖHRE
1 FRÜHLINGSZWIEBEL
2 EL WEISSWEINESSIG
200 ML TROCKENER WEISSWEIN
2 EL ZUCKER
6–8 SENFKÖRNER
5–6 PFEFFERKÖRNER
3 PRISEN SALZ
2 LORBEERBLÄTTER
CA. 50 ML OLIVENÖL

## ZUBEREITUNG

1. Die Köpfe der Sardellen abtrennen und die Fische ausnehmen. Innen und außen gut waschen. Die Möhre schälen und mit einem Zestenreißer in dünne Streifen ziehen. Die Frühlingszwiebel waschen, putzen und in Röllchen schneiden.

2. Die Möhrenstreifen, die Frühlingszwiebel, den Essig, den Weißwein, den Zucker und die Gewürze in einem Topf aufkochen und danach auf Zimmertemperatur abkühlen lassen. Die Fische in ein Einmachglas geben und mit dem Essigsud sowie dem Lorbeer und den Gewürzen auffüllen. Mit so viel Olivenöl übergießen, dass kein Fisch mehr herausragt. Fest verschließen und über Nacht im Kühlschrank ziehen lassen.

TRANSPORT  Am besten im Glas transportieren und direkt vor Ort daraus genießen.

1 Glas à 400 ml          25 Minuten + 12 Stunden Ziehenlassen          leicht

# Cheddar-Bacon-Sandwich mit lila Kartoffelchips

## ZUTATEN 

150 G BACON, IN SCHEIBEN
400 G LILA KARTOFFELN
SALZ
PFEFFER AUS DER MÜHLE
2 EL PFLANZENÖL
1 HANDVOLL RUCOLA
8 SCHEIBEN SANDWICHTOAST
4 EL MAYONNAISE
16 SCHEIBEN CHEDDAR

## ZUBEREITUNG

1. Den Backofen auf 200 °C Umluft vorheizen.

2. Den Bacon auf einem Backofengitter verteilen. In den Backofen schieben und eine Fettpfanne unter das Gitter schieben. Etwa 10 Minuten im Ofen lassen, bis der Bacon beginnt zu bräunen. Aus dem Backofen nehmen und etwas abkühlen lassen.

3. Den Backofen auf 150 °C Umluft herunterregeln. Die Kartoffeln schälen, waschen und auf einer Küchenreibe in dünne Scheiben hobeln. Den Ofenrost mit Backpapier bedecken und die Kartoffelscheiben darauf verteilen. Mit Salz und Pfeffer würzen und mit dem Öl beträufeln. Etwa 20 Minuten backen, bis die Chips trocken sind und anfangen zu bräunen.

4. Den Rucola waschen und trocken schleudern. Die Brotscheiben toasten und jeweils auf einer Seite mit Mayonnaise bestreichen. Den Käse darauf verteilen. Die Hälfte der Brote mit Rucola und Bacon belegen und mit den restlichen Toastscheiben bedecken. Die Sandwiches diagonal halbieren und zusammen mit den Chips servieren.

TRANSPORT Am besten in einer Frischhaltebox transportieren – Muffinförmchen aus Papier eignen sich prima, um zu verhindern, dass sich die Kartoffelchips in der Frischhaltebox verteilen.

4 Personen     1 Stunde     mittel

# Tomaten-Wraps mit Cheddar

## ZUTATEN

1 ZWIEBEL
1 KNOBLAUCHZEHE
4 TOMATEN
40 G GETROCKNETE TOMATEN
1 EL OLIVENÖL
SALZ
PFEFFER
1 PRISE CAYENNEPFEFFER
4 WEIZENMEHL-TORTILLAS
8 SCHEIBEN CHEDDAR
RUCOLA ZUM GARNIEREN

## ZUBEREITUNG

1. Die Zwiebel und den Knoblauch schälen und fein würfeln. Die Tomaten für 30 Sekunden in kochendes Wasser tauchen, wieder kalt abspülen und die Haut abziehen. Die Tomaten vierteln, entkernen und würfeln. Die getrockneten Tomaten hacken.

2. Das Olivenöl in einem Topf erhitzen, die Zwiebeln und Knoblauch darin glasig anbraten. Die Tomatenwürfel und die getrockneten Tomaten dazugeben. 10 Minuten bei kleiner Hitze köcheln lassen, mit Salz, Pfeffer und Cayennepfeffer abschmecken.

3. Die Tortillas auf der Arbeitsfläche auslegen, mit den Käsescheiben belegen und mit dem Tomaten-Sugo bestreichen. Stramm einrollen und mit Holzspießen feststecken. Nach Belieben mit Rucola garnieren.

TRANSPORT  Am besten in einer Frischhaltebox transportieren.

4 Personen        20 Minuten        leicht

# Tomaten, mit Couscoussalat gefüllt

300 G COUSCOUS (INSTANT)
400 ML GEMÜSEBRÜHE
30 G PINIENKERNE
8 TOMATEN
½ ZWIEBEL
1 KLEINE ZUCCHINI
1 ROTE PAPRIKASCHOTE
80 G SCHWARZE OLIVEN OHNE STEIN
175 G THUNFISCH IM EIGENEN SAFT
2 EL FRISCH GEHACKTE PETERSILIE
1 EL FRISCH GEHACKTE MINZE
1–2 EL ZITRONENSAFT
3–4 EL OLIVENÖL
KREUZKÜMMEL, GEMAHLEN
SALZ
PFEFFER AUS DER MÜHLE

## ZUBEREITUNG

1. Den Couscous in eine Schüssel geben, mit kochender Brühe übergießen und ca. 10 Minuten ausquellen lassen. Dabei ab und zu mit einer Gabel auflockern. Die Pinienkerne in einer Pfanne ohne Fettzugabe goldgelb anrösten, dann sofort vom Herd ziehen.

2. Die Tomaten waschen, einen Deckel abschneiden, das Fruchtfleisch mit einem kleinen Löffel herausschaben und anderweitig verwenden (z. B. für eine Tomatensuppe). Die Zwiebel häuten und in kleine Würfel schneiden. Die Zucchini waschen, putzen und fein reiben. Die Paprika waschen und entkernen, dann in kleine Würfel schneiden. Die Oliven in Scheiben schneiden. Den Thunfisch abtropfen lassen.

3. Den Couscous, die Zwiebel, die Paprika, die Zucchini, den Thunfisch, die Kräuter und die Oliven in einer großen Schüssel miteinander vermengen. Die Pinienkerne grob hacken und unterheben.

4. Den Salat mit Zitronensaft, Olivenöl, einer Prise Kreuzkümmel, Salz und Pfeffer abschmecken. Anschließend in die ausgehöhlten Tomaten füllen, die Deckel auflegen und servieren.

---

TRANSPORT Die fertigen Tomaten am besten in einer Frischhaltebox transportieren.

4 Personen          45 Minuten          leicht

# I've got hungry eyes – Gerichte mit Sattmacher-Garantie

# Frittata mit grünem Spargel

## ZUTATEN

250 G GRÜNER SPARGEL
EISWASSER
5–6 SCHALOTTEN
8–10 EIER
SALZ
PFEFFER AUS DER MÜHLE
1 EL BUTTER
30 G GERIEBENER MOZZARELLA

## ZUBEREITUNG

1. Den Spargel waschen, im unteren Drittel schälen, holzige Enden abschneiden und unten 2 cm kürzen. Die Stangen klein schneiden und in wenig Salzwasser ca. 5 Minuten blanchieren. In Eiswasser abschrecken und abtropfen lassen.

2. Die Schalotten schälen und in dünne Spalten schneiden. Die Eier verquirlen und mit Salz und Pfeffer würzen.

3. Die Butter in einer großen, beschichteten Pfanne erhitzen und die Schalotten darin glasig anbraten. Gleichmäßig in der Pfanne verteilen und mit den verquirlten Eiern übergießen. Den Spargel in der Pfanne verteilen und alles mit dem Käse bestreuen. Bei mittlerer Temperatur und geschlossenem Deckel ca. 5 Minuten stocken lassen.

**TRANSPORT** Die Frittata schmeckt kalt und warm – warm halten geht am besten in der Thermobox oder man wärmt sie in der Mikrowelle wieder auf, für kalten Genuss am besten in Stücke schneiden und in der Lunchbox transportieren.

4 Personen     30 Minuten     leicht     vegetarisch

# Quiche mit Brennnesseln und Schinkenknacker

## ZUTATEN

### TEIG

300 G MEHL + MEHL FÜR DIE
   ARBEITSFLÄCHE
SALZ
180 G BUTTER + BUTTER FÜR DIE FORM

### FÜLLUNG

1 HANDVOLL BRENNNESSELSPITZEN
2 ZWIEBELN
2 SCHINKENKNACKER
2 EL OLIVENÖL
200 G ZIEGENROLLE
8 EIER
50 ML MILCH
PFEFFER AUS DER MÜHLE

## ZUBEREITUNG

1. Das Mehl mit Salz vermischen. Die Butter in kleinen Flocken darüber verteilen und die Masse zwischen den Händen zu einer sandigen Konsistenz zerreiben. 70 ml Wasser dazugeben und alles zu einem glatten Teig verkneten. Als Kugel in Frischhaltefolie einschlagen und im Kühlschrank ca. 2 Stunden kalt stellen.

2. Für die Füllung die Brennnesselspitzen waschen und in Streifen schneiden. Die Zwiebeln schälen und ebenfalls in Streifen schneiden. Die Schinkenknacker in Scheiben zerteilen. Das Olivenöl in einer Pfanne erhitzen, die Zwiebeln und die Würstchen darin braten, bis sie leicht gebräunt sind. Die Brennnesseln dazugeben und kurz durchschwenken.

3. Den Backofen auf 180 °C vorheizen. Den Teig auf einer bemehlten Arbeitsfläche rund ausrollen. Die Form buttern und mit dem Teig auskleiden. Die Ziegenrolle in dünne Scheiben aufschneiden und auf dem Kuchenboden auslegen. Den Pfanneninhalt darüber verteilen. Die Eier und die Milch verquirlen und über die Füllung gießen. Mit Pfeffer würzen. Im vorgeheizten Backofen 35–40 Minuten backen.

**TRANSPORT** Die Quiche schmeckt warm oder kalt – am besten in der Backform transportieren und vor Ort aufschneiden oder in Stücke geschnitten in eine Lunchbox packen. Falls gewünscht in der Mikrowelle oder im Backofen kurz aufwärmen.

6 Personen / 1 Tarteform ø 24 cm          40 Minuten + 35–40 Minuten Backen + 2 Stunden Kühlen          mittel

# Lammkoteletts mit Knoblauch und Minze

## ZUTATEN

3 SCHALOTTEN
6 KNOBLAUCHZEHEN
1 HANDVOLL MINZEBLÄTTCHEN
½ ZITRONE, SAFT
50 ML OLIVENÖL
½ TL EDELSÜSSES PAPRIKAPULVER
CA. 20 LAMMKOTELETTS MIT RIPPE
SALZ
PFEFFER AUS DER MÜHLE

## ZUBEREITUNG

1. Die Schalotten und den Knoblauch schälen und fein würfeln. Die Minze waschen, trocken schütteln und hacken. Die Schalotten, den Knoblauch, die Minze, den Zitronensaft, das Olivenöl und das Paprikapulver verrühren und die Koteletts damit bepinseln. Zugedeckt ca. 2 Stunden marinieren lassen.

2. Eine Grillpfanne vorheizen und die Koteletts darin von beiden Seiten jeweils ca. 2–3 Minuten braten. Nach dem Wenden mit Salz und Pfeffer würzen. Dazu schmeckt ein Krautsalat.

TRANSPORT Die Lammkoteletts schmecken kalt oder lauwarm. Am besten in einer Thermo- oder Frischhaltebox transportieren und nicht zu lange ohne Kühlung aufbewahren.

4 Personen      20 Minuten + 2 Stunden Marinieren      leicht

# Kleine Gemüseküchlein mit Ziegenfrischkäse

## ZUTATEN

### TEIG
250 G MEHL + MEHL FÜR DIE
   ARBEITSFLÄCHE
SALZ
150 G BUTTER + BUTTER FÜR DIE FORM
1 EI
HÜLSENFRÜCHTE ZUM BLINDBACKEN

### FÜLLUNG
300 G BABYMÖHREN MIT GRÜN
2 KLEINE ZUCCHINI
250 G GRÜNER SPARGEL
150 G ZUCKERSCHOTEN
100 G ERBSEN (OHNE SCHOTEN)
2–3 STIELE STAUDENSELLERIE
200 G ZIEGENFRISCHKÄSE, IN SCHEIBEN
PFEFFER AUS DER MÜHLE
FRISCHE DILLBLÜTEN ZUM GARNIEREN

## ZUBEREITUNG

1. Das Mehl mit 2–3 Prisen Salz mischen. Die Butter in Stücken darüber verteilen und die Masse zwischen den Händen zu einer sandigen Konsistenz zerreiben. Das Ei hinzufügen und alles zu einem glatten Teig verkneten. In Frischhaltefolie wickeln und im Kühlschrank ca. 1 Stunde kalt stellen.

2. Die Möhren putzen und schälen. Dabei etwas Grün dekorativ an den Möhren stehen lassen. Die Zucchini waschen, putzen und in Scheiben schneiden. Den Spargel waschen, im unteren Drittel schälen und die Stangen halbieren. Die Zuckerschoten putzen und waschen. Die Erbsen waschen. Den Sellerie putzen, waschen und in Scheiben schneiden.

4. Den Backofen auf 180 °C Umluft vorheizen. Den Teig auf einer bemehlten Fläche ausrollen und 4 gebutterte kleine Tarteförmchen (ø ca. 12 cm) damit auslegen. Dabei jeweils einen Rand formen. Den Teig jeweils mit Backpapier belegen und mit Hülsenfrüchten beschweren. Im Ofen ca. 25 Minuten garen, bis die Ränder leicht gebräunt sind.

5. Das Gemüse dämpfen. Zuerst die Möhren, nach 5–6 Minuten den Spargel sowie die Zucchini dazulegen, nach weiteren 5 Minuten die Zuckerschoten, den Sellerie und die Erbsen. Alles in ca. 3 Minuten zu Ende garen.

6. Die Hülsenfrüchte und das Backpapier aus den Küchlein entfernen, das Gemüse und den Ziegenkäse darin anrichten, salzen, pfeffern und mit frischen Dillblüten garnieren.

**TRANSPORT** Die Küchlein schmecken kalt oder warm. Am besten in den Formen transportieren und bei Bedarf kurz in der Mikrowelle oder im Ofen aufwärmen.

  4 Personen    1 Stunde + 1 Stunde Kühlen    mittel    vegetarisch

# Tomaten-Broccoli-Tarte mit Frischkäse

## ZUTATEN

500 G BROKKOLIRÖSCHEN
SALZ
EISWASSER
6 TOMATEN
1 ROLLE BLÄTTERTEIG (275 G)
400 G FRISCHKÄSE
5 EIER
100 ML SAHNE
PFEFFER AUS DER MÜHLE

## ⏲ ZUBEREITUNG

1. Den Brokkoli in kochendem Salzwasser 2–3 Minuten blanchieren und danach sofort in Eiswasser abschrecken. Gut abtropfen lassen.

2. Die Tomaten vom Stielansatz befreien und 30 Sekunden in kochendes Wasser tauchen. Kalt abspülen, die Haut abziehen, das Fruchtfleisch in Spalten schneiden und entkernen. Den Backofen auf 180 °C Umluft vorheizen.

3. Eine Tarteform mit Backpapier auskleiden und mit dem Blätterteig auslegen. Den Frischkäse mit einer Gabel durcharbeiten und mit den Eiern und der Sahne verrühren. Mit Salz und Pfeffer abschmecken.

4. Den Brokkoli und die Tomaten auf dem Blätterteig verteilen und mit der Frischkäsemasse übergießen. Im vorgeheizten Ofen ca. 40 Minuten backen. Dabei die Backofentemperatur nach 25 Minuten auf 160 °C herunterregeln.

🚲 TRANSPORT Die Quiche schmeckt warm oder kalt – am besten in der Backform transportieren und vor Ort aufschneiden oder in Stücke geschnitten in eine Lunchbox packen. Falls gewünscht in der Mikrowelle oder im Backofen kurz aufwärmen.

🍴 6 Personen / 1 Tarteform ⌀ 28 cm    ⏱ 25 Minuten + 45 Minuten Backen    🍶 leicht    🌱 vegetarisch

# Gemüsegratin mit Curry

## ZUTATEN

2–3 ZUCCHINI
5 TOMATEN
4 GELBE PAPRIKASCHOTEN
SALZ
PFEFFER AUS DER MÜHLE
½ TL CURRYPULVER
50 ML OLIVENÖL
160 G STANGENMOZZARELLA
FRISCHER ROSMARIN ZUM GARNIEREN
FRISCHER THYMIAN ZUM GARNIEREN

## ZUBEREITUNG

1. Den Backofen auf 180 °C Umluft vorheizen. Die Zucchini und Tomaten waschen, putzen und in Scheiben schneiden. Die Paprikaschoten waschen, halbieren, entkernen und in Streifen schneiden.

2. Das Gemüse in eine Auflaufform schichten und dabei mit Salz, Pfeffer und Curry würzen. Mit dem Olivenöl beträufeln.

3. Den Mozzarella in Scheiben schneiden, über dem Gratin verteilen und im Ofen ca. 40 Minuten garen. Mit Thymian und Rosmarin garnieren.

TRANSPORT  Der Gemüsegratin schmeckt am besten lauwarm. Möglichst in einer Thermobox transportieren oder ggf. vor Ort kurz in der Mikrowelle oder im Backofen aufwärmen.

4 Personen      20 Minuten + 40 Minuten Backen      leicht      vegetarisch

# Herzhafter Kuchen mit Hähnchen und Salat

## ZUTATEN

200 G GEKOCHTE HÄHNCHENBRUST

40 G GETROCKNETE TOMATEN

2 STÄNGEL ESTRAGON

3 EIER

150 G MEHL

1 PK. BACKPULVER

100 ML ERDNUSSÖL

100 ML MILCH

SALZ

PFEFFER AUS DER MÜHLE

BUTTER FÜR DIE FORM

## ZUBEREITUNG

1. Den Backofen auf 160 °C Umluft vorheizen.

2. Die Hähnchenbrust würfeln und die Tomaten klein schneiden. Den Estragon waschen, trocken schütteln und die Blätter klein hacken.

3. Die Eier in eine Schüssel aufschlagen, das Mehl und das Backpulver mischen. Die Eier mit der Mehlmischung verrühren, dann das Erdnussöl und die Milch hinzufügen. Mit Salz und Pfeffer würzen.

4. Die Hühnerbrust, die Tomaten und den Estragon unterheben und in eine gebutterte Kastenform füllen. Im Ofen ca. 45 Minuten backen (Stäbchenprobe). Dazu passt ein kräftiger, grüner Salat mit Parmesan.

TRANSPORT Der herzhafte Kuchen schmeckt warm oder kalt – am besten in Stücke geschnitten in einer Lunchbox transportieren. Falls gewünscht in der Mikrowelle oder im Backofen kurz aufwärmen.

1 Kastenbackform mit 0,7 l    20 Minuten + 45 Minuten Backzeit    leicht

# Omelett mit Reis und Bohnen + Frischkäse mit Erdbeeren

## ZUTATEN

80 G GRÜNE BOHNEN (TK)
120 G SPECKWÜRFEL
12 FRISCHE EIER
SALZ
PFEFFER AUS DER MÜHLE
30 G BUTTER
150 G BASMATI-REIS
12 RADIESCHEN

## ZUBEREITUNG:

1. Für das Omelett die Bohnen auftauen lassen und klein schneiden. Den Speck in einer trockenen Pfanne auslassen und auf Küchenpapier abtropfen. Die Eier verquirlen und mit Salz und Pfeffer würzen.

2. Die Butter in einer beschichteten Pfanne erhitzen, die Eier, den Speck und die Bohnen dazugeben. Zu einem Omelett stocken lassen und auf Küchenpapier abkühlen lassen.

3. Den Reis nach Packungsanleitung gar kochen und abgießen. In kleine Schälchen verteilen und mit Pfeffer bestreuen. Die Radieschen waschen, putzen und kreuzweise mehrmals einschneiden. Bis zum Verpacken in kaltes Wasser legen und beiseitestellen.

4 Personen · 10 Minuten · leicht

## ZUTATEN

200 G QUARK (20 PROZENT)
2 EL PUDERZUCKER
50 ML SAHNE
12 ERDBEEREN
1 EL GEHACKTE PISTAZIEN

1. Den Quark mit dem Puderzucker und der Sahne verrühren.

2. Die Erdbeeren waschen, putzen und klein schneiden. Ebenfalls mit dem Frischkäse verrühren. In kleine Schälchen füllen und mit den Pistazien bestreuen.

TRANSPORT Das Omelett in Stücke schneiden, den Reis und den Frischkäse mit Erdbeeren in kleine Schälchen geben. Mit den Radieschen in Lunchboxen transportieren.

4 Personen · 10 Minuten · leicht · vegetarisch

# Hähnchenspieße mit Ratatouille

## ZUTATEN

**RATATOUILLE**

2 KLEINE ZUCCHINI
1 GELBE PAPRIKASCHOTE
½ AUBERGINE
3 GEKOCHTE, GEPELLTE KARTOFFELN
1 KNOBLAUCHZEHE
3 EL OLIVENÖL
4 TOMATEN
SALZ
PFEFFER AUS DER MÜHLE
GEHACKTE GLATTE PETERSILIE ZUM
   GARNIEREN

**SPIESSE**

600 G HÄHNCHENBRUSTFILETS
2 EL SONNENBLUMENÖL
3 ROTE ZWIEBELN
50 G BUTTER
SALZ
PFEFFER AUS DER MÜHLE
2 EL SESAM

## ZUBEREITUNG

1. Die Zucchini und die Paprikaschote waschen. Die Paprika entkernen und zusammen mit den Zucchini fein würfeln. Die Aubergine und die Kartoffeln in gleich große Würfel schneiden. Den Knoblauch schälen und hacken.

2. Das Gemüse und den Knoblauch in Olivenöl ca. 10 Minuten bei niedriger Temperatur unter Rühren braten. Die Tomaten waschen und würfeln. Zum Gemüse in die Pfanne geben, mit Salz und Pfeffer würzen und weitere 5 Minuten schmoren lassen. Mit gehackter Petersilie bestreuen.

3. Für die Hähnchenspieße das Fleisch würfeln, mit dem Sonnenblumenöl vermischen. Die Zwiebeln schälen und vierteln, die Viertel blättrig zerteilen. Das Fleisch abwechselnd mit den Zwiebeln auf 12 Spieße verteilen.

4. Die Butter in einer Pfanne erhitzen und die Fleischspieße darin von allen Seiten insgesamt 6–8 Minuten braten. Mit Salz und Pfeffer würzen und mit Sesam bestreuen.

---

**TRANSPORT** Die Ratatouille und die Spieße schmecken kalt oder lauwarm. Am besten in einer Thermo- oder Frischhaltebox transportieren und nicht zu lange ohne Kühlung aufbewahren.

4 Personen     45 Minuten     leicht

# Frühlingsrollen mit Garnelen + Gebratene Nudeln

## ZUTATEN

1 MÖHRE
200 G EINGELEGTER DAIKON-RETTICH
250 G SALATGURKE
4 REISBLÄTTER
32 GEKOCHTE GARNELEN OHNE SCHALE
32 MINZEBLÄTTER

## ZUBEREITUNG

1. Die Möhre schälen und in feine Streifen schneiden oder raspeln. Den Rettich abtropfen lassen und ebenfalls in feine Streifen schneiden. Die Gurke schälen, halbieren, entkernen und in dünne Streifen schneiden.

2. Die Reisblätter kurz durch kaltes Wasser ziehen und auf einem Küchentuch ca. 5 Minuten quellen lassen. Die Reisblätter vierteln. Jedes Viertel mit Möhre, Rettich, Gurke, Garnelen und Minze belegen und über diese Füllung stramm zu Frühlingsrollen einwickeln. Die Enden einschlagen.

4 Personen    25 Minuten    leicht

## ZUTATEN

200 G CHINESISCHE EIERNUDELN
  (OHNE KOCHEN)
2 MÖHREN
1 ZUCCHINI
3 EL SESAMÖL
1 EL SAMBAL OELEK
3 EL HELLE SOJASAUCE
30 G ERDNÜSSE
FRISCHE MINZE ZUM GARNIEREN

1. Die Nudeln nach Packungsanleitung in warmem Wasser einweichen. Die Möhren schälen und die Zucchini waschen und putzen. Beides in dünne Stifte schneiden.

2. Das Sesamöl in einer Pfanne oder einem Wok erhitzen und das Gemüse darin unter Rühren ca. 2 Minuten braten. Die abgetropften Nudeln hinzufügen, unter Rühren ca. 1 Minute erhitzen und mit Sambal Oelek und Sojasauce würzen. Vor dem Verzehr die Erdnüsse grob hacken und darüberstreuen. Mit frischer Minze garnieren.

TRANSPORT  Die Frühlingsrollen werden kalt verzehrt, die Nudeln schmecken lauwarm besonders gut. Am besten in einer Thermo- oder Frischhaltebox transportieren und ggf. kurz in der Mikrowelle aufwärmen.

4 Personen    20 Minuten    leicht    vegetarisch

# Auberginen-Lamm-Crumble

## ZUTATEN

1 AUBERGINE

2 TOMATEN

1 ZWIEBEL

1 KNOBLAUCHZEHE

2 EL OLIVENÖL

300 G LAMMHACKFLEISCH

1 EL FRISCHE THYMIANBLÄTTER

1 PRISE EDELSÜSSES PAPRIKAPULVER

SALZ

PFEFFER AUS DER MÜHLE

20 G ROSINEN

20 G PINIENKERNE

30 G BUCHWEIZENGRÜTZE

100 G WEIZENMEHL

100 G BUTTER + BUTTER FÜR DIE FORM

## ZUBEREITUNG

1. Die Aubergine und die Tomaten waschen, putzen und würfeln. Die Zwiebel und den Knoblauch schälen und hacken. Das Olivenöl in einer Pfanne erhitzen und das Hackfleisch darin krümelig und leicht gebräunt anbraten.

2. Die Aubergine, die Tomaten, die Zwiebel und den Knoblauch hinzufügen und mit Thymian, Paprikapulver, Salz und Pfeffer würzen. Bei niedriger Temperatur unter gelegentlichem Rühren ca. 15 Minuten kochen lassen. Dann die Rosinen und die Pinienkerne dazugeben.

3. In der Zwischenzeit den Backofen auf 160 °C Umluft vorheizen. Die Buchweizengrütze, das Mehl und die Butter zu Streuseln zerreiben. Den Pfanneninhalt in eine gebutterte Auflaufform geben und die Streusel darüber verteilen. Im Backofen ca. 30 Minuten fertig garen.

TRANSPORT Der Crumble schmeckt am besten lauwarm. Möglichst in einer Thermobox transportieren oder ggf. vor Ort kurz in der Mikrowelle oder im Backofen aufwärmen.

4 Personen    1 Stunde    leicht

# Kleine Kuchen mit Zucchini und Saubohnen

## ZUTATEN

60 G SAUBOHNEN, GEPULT
SALZ
2 KLEINE ZUCCHINI
2 GEHÄUFTE EL MEHL
2 GEHÄUFTE EL SPEISESTÄRKE
1 PK. BACKPULVER
30 G GERIEBENER PARMESAN
PFEFFER AUS DER MÜHLE
100 G ZIEGENFRISCHKÄSE
2 EIER
2 EL OLIVENÖL
1 TL THYMIANBLÄTTCHEN
BUTTER FÜR DIE FORMEN

## ZUBEREITUNG

1. Den Backofen auf 160 °C Umluft vorheizen. Die Bohnen in kochendem Salzwasser ca. 5 Minuten blanchieren. Anschließend abgießen und eiskalt abschrecken.

2. Die Zucchini waschen, putzen und auf einer Küchenreibe fein raspeln. Das Mehl, die Stärke, das Backpulver und den Parmesan vermischen, mit Salz und Pfeffer würzen.

3. Mit dem abgetropften Ziegenfrischkäse, den Eiern und dem Olivenöl glatt verrühren. Die Zucchini, die Bohnen und den Thymian unterheben. In 4 kleine, gebutterte Kuchenförmchen (à ca. 250 ml Inhalt) verteilen und im Ofen ca. 25 Minuten backen.

**TRANSPORT** Die kleinen Kuchen schmecken am besten lauwarm. Möglichst in den Formen in einer Thermobox transportieren oder ggf. vor Ort kurz in der Mikrowelle oder im Backofen aufwärmen.

4 Personen    50 Minuten    leicht    vegetarisch

# Sugar for my honey – Süße Leckerbissen

# Gelee mit sommerlichen Früchten

## ZUTATEN

6 BLATT GELATINE
100 G ZUCKER
50 G ERDBEEREN
400 ML TROCKENER WEISSWEIN
50 G WALDERDBEEREN
100 G BLAUBEEREN
100 G ROTE JOHANNISBEEREN
100 G HIMBEEREN
GEMAHLENE PISTAZIEN ZUM VERZIEREN

## ZUBEREITUNG

1. Die Gelatine in kaltem Wasser einweichen. Den Zucker und 100 ml Wasser zum Kochen bringen und aufkochen lassen, bis sich der Zucker aufgelöst hat. Den entstandenen Läuterzucker vom Herd ziehen.

2. Die Erdbeeren waschen, putzen und mit einem Löffel zerdrücken. In den Läuterzucker geben und mit dem Weißwein auffüllen. Ca. 30 Minuten ziehen lassen und die Mischung danach durch ein feines Sieb filtern. Leicht erwärmen und die ausgedrückte Gelatine darin auflösen.

3. Die Beeren waschen, mit Küchenpapier trocken tupfen und in 4 Gläser verteilen. Mit dem Fruchtwein auffüllen und im Kühlschrank ca. 3 Stunden kalt stellen. Mit gemahlenen Pistazien verzieren.

TRANSPORT Für den Transport möglichst stabile Gläser oder Schälchen wählen, z.B. Plastikgläser oder Schüsselchen mit Deckel. Falls kein Deckel vorhanden ist, die Gläser mit Frischhaltefolie abdecken.

4 Personen · 40 Minuten + 3 Stunden Kühlen · leicht

# Himbeer-Muffins mit Erdbeerdrink

## ZUTATEN

**MUFFINS**

200 G HIMBEEREN
120 G WEICHE BUTTER
120 G ZUCKER
1 EI
250 G MEHL
1 PRISE SALZ
2 ½ TL BACKPULVER
½ TL NATRON
300 G SAURE SAHNE

**ERDBEERDRINK**

250 G ERDBEEREN
50 G PUDERZUCKER
2 EL ZITRONENSAFT
50 ML ORANGENSAFT
250 ML SPRUDELNDES MINERALWASSER

## ZUBEREITUNG

1. Für die Muffins den Backofen auf 160 °C Umluft vorheizen. Die Himbeeren verlesen, ggf. waschen und mit Küchenpapier trocken tupfen. Die Butter und den Zucker cremig rühren, das Ei hinzufügen und das Mehl, das Salz, das Backpulver, das Natron sowie die saure Sahne einrühren. Die Himbeeren vorsichtig unterheben.

2. Die Vertiefungen eines Muffinbleches mit Papierförmchen auslegen und den Teig einfüllen. Ca. 25 Minuten backen und danach auskühlen lassen.

3. Für den Erdbeerdrink die Erdbeeren putzen, waschen, klein schneiden und mit dem Puderzucker, dem Zitronen- und dem Orangensaft pürieren. In Gläser verteilen und mit dem Mineralwasser auffüllen.

**TRANSPORT** Die Muffins am besten in einer Frischhaltebox aufbewahren. Den Erdbeerdrink in einer Thermosflasche oder fest verschließbaren Glasflasche transportieren und erst vor Ort mit Mineralwasser auffüllen.

12 Stück · 25 Minuten + 25 Minuten Backen · leicht · vegetarisch

# Erdbeersüppchen mit Baiser

## ZUTATEN

350 G ERDBEEREN
50 G PUDERZUCKER
50 ML ORANGENSAFT
150 ML SAHNE
3 KUGELN VANILLEEIS
1–2 BAISERS (VOM BÄCKER)

## ZUBEREITUNG

1. Die Erdbeeren putzen, waschen und klein schneiden. Zusammen mit dem Puderzucker und dem Orangensaft fein pürieren.

2. Die Sahne steif schlagen und in dieser Zeit das Vanilleeis antauen lassen. Die Baisers zerbröckeln und dabei 4 Stückchen zum Verzieren beiseitelegen. Sahne, Eiscreme und Baiser verrühren und in Gläser füllen. Das Erdbeerpüree darübergießen und mit den Baiserstückchen verzieren.

**TRANSPORT** Dieses Dessert muss gut gekühlt und schnell verzehrt werden. Es kann entweder direkt in den mit Frischhaltefolie abgedeckten Gläsern transportiert oder vor Ort angerichtet werden. Dann das Eis, die Sahne, die Baisers und das Erdbeerpüree getrennt in einer Kühltasche mit Kühlakkus zum Ort des Geschehens bringen.

4 Personen    15 Minuten    leicht    vegetarisch

# Mango-Mousse

## ZUTATEN

250 G MANGO-FRUCHTFLEISCH
   (FRISCH ODER DOSE)
6 BLATT GELATINE
4 EIER
70 G ZUCKER
200 G KALTE SAHNE
40 G KOKOSRASPEL

## ZUBEREITUNG

1. Das Mango-Fruchtfleisch klein schneiden und im Mixer zu Püree verarbeiten. Die Gelatine in kaltem Wasser einweichen. Die Eier trennen.

2. Die Eigelbe und 40 g Zucker ca. 5 Minuten weißschaumig aufschlagen. 3–4 EL Mangopüree in einem kleinen Topf erwärmen und die ausgedrückte Gelatine darin auflösen. Das restliche Mangopüree und die aufgelöste Gelatine in den Eigelbschaum rühren.

3. Das Eiweiß mit dem restlichen Zucker (30 g) steif aufschlagen und unterheben. Die Sahne steif schlagen und ebenfalls vorsichtig unterheben. Zugedeckt ca. 4 Stunden kalt stellen. Auf Tellern anrichten und mit den Kokosraspeln bestreuen.

TRANSPORT Die Mousse am besten in einer Frischhaltebox in einer Kühltasche transportieren und erst vor Ort auf Tellern anrichten und verzieren.

4 Personen    20 Minuten + 4 Stunden Kühlen    leicht

# Birnen-Charlotte

## ZUTATEN

**BIRNEN**
300 G ZUCKER
2 STERNANIS
6 BIRNEN

**CREME**
6 BLATT GELATINE
100 ML KALTE SAHNE
500 ML VOLLMILCH
1 VANILLESCHOTE, MARK
8 EIGELB
60 G PUDERZUCKER

**AUSSERDEM**
CA. 300 G LÖFFELBISKUITS

## ZUBEREITUNG

1. Für die Birnen den Zucker mit 300 ml Wasser und dem Sternanis zu einem Sirup aufkochen. Die Birnen schälen, halbieren, entkernen und in Spalten schneiden. In den kochenden Sirup geben, vom Herd ziehen und zugedeckt abkühlen lassen. Danach kaltstellen.

2. Für die Creme die Gelatine in kaltem Wasser einweichen. Die Sahne steif schlagen und in den Kühlschrank stellen. Die Milch mit der Vanille zum Kochen bringen.

3. In dieser Zeit die Eigelbe mit dem Puderzucker ca. 5 Minuten weißschaumig aufschlagen und die heiße Milch unter Rühren hineinlaufen lassen. Über einem heißen Wasserbad zur Rose abziehen (d.h. rühren, bis die Mischung kurz vor dem Kochen ist und eindickt). Die Gelatine darin auflösen und die Masse auf Zimmertemperatur abkühlen lassen.

4. Ca. ein Drittel der Birnenspalten pürieren und zusammen mit der Schlagsahne unter die abgekühlte Creme heben.

5. Eine Springform mit Frischhaltefolie auskleiden. Die Löffelbiskuits bei Bedarf kürzen, innen an Rand der Form entlang aufstellen und die Creme einfüllen. Die restlichen Birnenspalten abtropfen lassen und dekorativ auf der Creme auslegen. Im Kühlschrank ca. 5 Stunden kalt stellen.

🚲 **TRANSPORT** Die Charlotte am besten in der Springform transportieren und erst vor Ort vorsichtig aus der Form lösen. Nicht zu warm werden lassen.

🍴 Springform 23 cm ø     🕐 1 Stunde + 5 Stunden Kühlen     📍 mittel

# Aprikosen-Mandeltarte

## ZUTATEN

### TEIG

200 G MEHL + MEHL FÜR DIE ARBEITS-
FLÄCHE
2 PRISEN SALZ
100 G BUTTER + BUTTER FÜR DIE FORM

### FÜLLUNG

100 G WEICHE BUTTER
75 G ZUCKER
1 EI
40 G MEHL
100 G GEMAHLENE MANDELN
CA. 10 APRIKOSENHÄLFTEN (DOSE ODER
FRISCH)
15 G GEHOBELTE MANDELN
50 G HIMBEEREN
20 G PUDERZUCKER

## ZUBEREITUNG

1. Für den Teig das Mehl und das Salz mischen. Die Butter in kleinen Stückchen dazugeben und alles zwischen den Fingern zu Bröseln zerreiben. 50 ml kaltes Wasser dazugeben und die Masse schnell zu einem glatten Teig verkneten. In Frischhaltefolie einschlagen und im Kühlschrank 1 Stunde kalt stellen. Den Backofen auf 180 °C Umluft vorheizen. Die Form buttern.

2. Die Butter für die Füllung mit dem Zucker schaumig schlagen. Das Ei unterrühren, mit dem Mehl und den gemahlenen Mandeln vermischen. Die Aprikosen in einem Sieb abtropfen lassen.

3. Den Teig aus dem Kühlschrank auf einer bemehlten Fläche in Größe der Form rund ausrollen und die Form damit auskleiden. Mehrmals mit einer Gabel einstechen.

4. Die Aprikosen mit den Schnittflächen nach unten auf dem Teigboden verteilen, mit der Mandelcreme übergießen und mit den gehobelten Mandeln bestreuen. Im vorgeheizten Backofen ca. 35 Minuten backen. Nach dem Abkühlen mit den Himbeeren garnieren und mit dem Puderzucker bestäuben.

🚲 TRANSPORT Die Tarte am besten in der Form transportieren und vor Ort aufschneiden.

---

🍴 1 Tarteform 20 cm ø     ⏱ 20 Minuten + 1 Stunde Kühlen + 35 Minuten Backen     mittel     vegetarisch

# Pfirsichspieße mit Rosmarin

## ZUTATEN

12 KLEINE WEINBERG-PFIRSICHE
   ODER APRIKOSEN
4 LANGE ROSMARINZWEIGE
25 G BUTTER
3 EL BRAUNER ZUCKER

## ZUBEREITUNG

1. Die Pfirsiche waschen, abtrocknen, halbieren und entkernen. Den Rosmarin waschen und trocknen, die untere Hälfte der Zweige entblättern. Je sechs halbe Früchte auf einen Zweig spießen.

2. Die Butter in einer beschichteten Pfanne schmelzen lassen und die Spieße darin von allen Seiten insgesamt ca. 10 Minuten braten. In den letzten 2 Minuten den Zucker über die Früchte streuen und karamellisieren lassen.

TRANSPORT Die Spieße schmecken am besten warm. In einer Thermobox transportieren oder vor Ort auf dem Grill zubereiten. Dazu mit Butter bestreichen und ebenfalls kurz vor dem Garwerden mit Zucker karamellisieren lassen.

4 Personen    25 Minuten    leicht    vegetarisch

# Tarte mit Mandeln und Zitronen

## ZUTATEN

200 G MEHL + MEHL FÜR DIE
ARBEITSFLÄCHE
80 G ZUCKER
1 PRISE SALZ
240 G BUTTER + BUTTER FÜR DIE FORM
3 EIER (GRÖSSE L)
1 BIO-ZITRONE
150 G GEMAHLENE MANDELN
150 G PUDERZUCKER
1 EL SPEISESTÄRKE
75 G GEHOBELTE MANDELN
KANDIERTE ZITRONENSCHEIBEN
ZUM GARNIEREN
PUDERZUCKER ZUM BESTÄUBEN

## ZUBEREITUNG

1. Das Mehl, 50 g Zucker und das Salz mischen. 120 g Butter in kleinen Stücken darüber verteilen und zwischen den Fingern zu einer sandigen Konsistenz zerreiben. 1 Ei hinzufügen und das Ganze schnell zu einem glatten Teig verkneten. Zu einer Kugel formen, in Frischhaltefolie wickeln und im Kühlschrank 2 Stunden kalt stellen.

2. In der Zwischenzeit die Zitrone waschen, die Schale in Zesten abziehen und den Saft auspressen. Die restliche Butter weich werden lassen. Eine Form buttern und den Backofen auf 200 °C Ober-/Unterhitze vorheizen. Die weiche Butter mit den gemahlenen Mandeln, den restlichen Eiern, dem Puderzucker, der Stärke und dem Zitronensaft verkneten.

3. Den Teig auf einer bemehlten Arbeitsfläche rund ausrollen und die Form damit auskleiden. Den Teigboden mehrmals mit einer Gabel einstechen und die Mandelmasse darauf verstreichen. Die gehobelten Mandeln und den restlichen Zucker darauf verteilen. Im vorgeheizten Backofen ca. 35 Minuten backen. Mit kandierten Zitronenscheiben und mit den Zitronenzesten garnieren sowie mit Puderzucker bestäuben.

TRANSPORT Die Tarte am besten in der Form transportieren und vor Ort aufschneiden.

1 Tarteform 20 cm ø    25 Minuten + 2 Stunden Kühlen + 35 Minuten Backen    mittel    vegetarisch

# Erdbeeren in Rotwein mit Ziegenfrischkäse

## ZUTATEN

500 ML TROCKENER ROTWEIN
100 G ZUCKER
500 G KLEINE ERDBEEREN
350 G ZIEGENFRISCHKÄSE

## ZUBEREITUNG

1. Den Rotwein und den Zucker in einem Topf zum Kochen bringen und auf 200 ml einkochen lassen. In der Zwischenzeit die Erdbeeren waschen, putzen und ggf. klein schneiden. Die Weinreduktion vom Herd ziehen, die Erdbeeren darin schwenken, abkühlen lassen und im Kühlschrank ca. 1 Stunde ziehen lassen.

2. Die Erdbeeren in Schälchen anrichten und mit dem Rotwein beträufeln. Aus dem Ziegenfrischkäse mit einem angefeuchteten Esslöffel 4 Nocken formen und auf den Erdbeeren verteilen.

**TRANSPORT** Für den Transport die Erdbeeren inkl. Rotweinsud und den Ziegenfrischkäse in je einer Frischhaltebox transportieren und erst vor Ort anrichten.

4 Personen    35 Minuten + 1 Stunde Ziehenlassen    leicht    vegetarisch

# Apfeltarte

## ZUTATEN

3 ÄPFEL
1 ROTER BLUTAPFEL
8–10 WEINTRAUBEN
50 G WEICHE BUTTER
80 G ZUCKER
8–10 WALNUSSHÄLFTEN
250 G BLÄTTERTEIG

## ZUBEREITUNG

1. Den Backofen auf 200 °C Ober-/Unterhitze vorheizen. Die Äpfel schälen, entkernen und würfeln. Die Trauben waschen. Die Tarteform mit der Butter ausstreichen. Mit dem Zucker bestreuen und mit Äpfeln, Trauben und Walnüssen dicht an dicht belegen.

2. Den Blätterteig über der Form ausbreiten und die Ränder abschneiden. Im vorgeheizten Backofen ca. 30 Minuten backen, herausnehmen und sofort stürzen.

**TRANSPORT** Die Tarte schmeckt warm oder kühl. Am besten in einer Kuchenbox mit Deckel transportieren.

1 Tarteform 23 cm ø    20 Minuten + 30 Minuten Backen    leicht    vegetarisch

# Erdbeer-Tarte

## ZUTATEN

300 G ERDBEEREN
2 EL PUDERZUCKER
1 ROLLE BLÄTTERTEIG, 270 G
BUTTER FÜR DIE FORM
1 EL HAGELZUCKER

## ZUBEREITUNG

1. Die Erdbeeren waschen, putzen und halbieren. Mit dem Puderzucker vermischen.

2. Den Backofen auf 200 °C Umluft vorheizen. Den Blätterteig ausrollen und eine gebutterte Form damit auslegen.

3. Den Teigboden mehrmals mit einer Gabel einstechen, die Erdbeeren darauf verteilen und im Ofen ca. 25 Minuten backen. Mit dem Hagelzucker bestreuen.

**TRANSPORT** Die Tarte schmeckt warm oder kühl. Am besten direkt in der Form oder in einer Kuchenbox mit Deckel transportieren.

1 Tarteform 20 cm ø mit Hebeboden   15 Minuten + 25 Minuten Backen   leicht   vegetarisch

# Erdbeer-Rhabarber-Süppchen

## ZUTATEN

200 G ERDBEEREN
2–3 STIELE RHABARBER
60 G ZUCKER

## ZUBEREITUNG

1. Die Erdbeeren waschen, putzen und halbieren. Den Rhabarber waschen, putzen und klein schneiden.

2. Die Erdbeeren, den Rhabarber und den Zucker vermischen, ca. 30 Minuten Saft ziehen lassen. In der Zwischenzeit den Backofen auf 180 °C Umluft vorheizen.

3. Die Erdbeer-Rhabarber-Mischung in kleine Soufflé-Förmchen (ca. 8 cm Durchmesser) verteilen und im Ofen ca. 20 Minuten garen. Bis zum Servieren mindestens 2,5 Stunden kalt stellen. Dazu passt Eis nach eigenem Geschmack.

**TRANSPORT** Die Erdbeer-Rhabarber-Süppchen am besten in den Förmchen transportieren – mit Frischhaltefolie abgedeckt.

4 Personen     40 Minuten + 2,5 Stunden Kühlen     leicht     vegetarisch

# REGISTER

# BILDNACHWEIS